Mamãe de Barriga... Mamãe de Coração

REGINA TIMBÓ

Ilustração: L.Bandeira

— Emocionante!

Aquele dia ficou marcado na história da Floresta Encantada.

Acabava de nascer um elefantinho!

Ele era esperado por todos, especialmente por suas duas mães.

— Duas mães? — perguntou Aninha, a ratinha branca.

— Sim, minha filha — respondeu Dona Dalva, uma rata gorda e bondosa, que adorava contar histórias de elefantes para os ratinhos que se juntavam ao seu redor em noites de lua cheia.

Com os elefantes pode acontecer assim: alguns meses antes do parto, a mãe do elefantinho que vai nascer começa a receber cuidados de outra fêmea da manada. Ela faz companhia, cuida, busca comida... Mas o melhor de tudo, é que o elefantinho acaba ganhando duas mães — uma da barriga e outra do coração.

Vocês sabiam que isso é muito comum na família dos elefantes?! — indagou, já completando, Dona Dalva.

— Hummm... Se uma mãe já é bom, duas, então, é ma-ra-vi-lho-so! Nem queijo francês é mais gostoso que o colinho da mãe da gente — completou, com um sorrisinho de canto de boca, o ratinho Gui.

— Continuando a história, *rataiada* — alertou Dona Dalva —, o nome do elefantinho era Barroso!

Lea era a mãe natural e Fafá, sua mãe do coração. As duas amavam aquele filhotinho. Acho que aquele amor nem cabia dentro delas! E olha que elas eram enooormesss!

E o elefantinho Barroso adorava passear pelo descampado em meio a suas duas mamães, pois cuidado, carinho e atenção, ali não faltava, não!

As mamães ensinavam tudo o que Barroso precisava saber sobre a vida na floresta. A cada dia, um bocadinho: onde encontrar comida, o que pegar de alimento, como se livrar dos perigos, a não se aventurar sozinho e a andar sempre juntinho da manada.

O ratinho Guga, então, questionou:

— E ele aprendeu, Dona Dalva?

— Demorou um pouco, mas aprendeu, sim... É vivendo e aprendendo! Agora me deixem contar como foi esse aprendizado do Barroso.

O elefantinho, que era simpático e amigo de todos, não gostava muito de ouvir conselhos. Apesar da "dupla" orientação das suas mamães, ele não dava ouvidos e vivia dando trombadas por aí. Além disso, Barroso era guloso! Fazia piruetas e dava cambalhotas se era para ficar mais tempo na mata, comendo e comendo!

Certo dia, aproveitou o cochilo de Lea e Fafá e foi atrás de mais comida, longe dali. Sem notar, ultrapassou os limites da Floresta Encantada.

E quando deram pela falta de Barroso, Fafá e Lea iniciaram as buscas.

Elas conheciam os perigos da floresta naquela época do ano. Muitos aventureiros apareciam atrás de riqueza fácil com a venda de animais valiosos.

E o elefantinho, que pensava em encher a pança, só percebeu que tinha ido longe demais, quando notou que tinha se perdido. Preocupado, Barroso tentou encontrar o caminho de volta, mas tinha comido tanto, que começou a sentir o peso de sua gulodice. Sua pisada estava pesada!

Naquele momento, sentiu que se aproximavam os aventureiros. Tentou apressar o passo, mas parecia até que carregava outro elefante nas costas! Não saía do lugar.

Nessa hora, começou a se lembrar dos conselhos de suas mães, entretanto, era tarde: Barroso já estava encurralado. E seus perseguidores já se preparavam para atirar, quando uma elefanta grande entrou na frente, protegendo Barroso.

Assustado, sem entender direito o que estava acontecendo, Barroso ouviu um barulhão e sentiu um peso enorme caindo por cima de seu corpo. Virou-se tentando escapar e viu que era Fafá quem estava caída no chão ao seu lado. Ainda zonzo, escutou sua outra mãe, Lea, bramindo por trás das árvores:

— Barroso, venha para cá! Rápido, venha!

Aflito, ele olhou para o céu, sem saber o que fazer — de um lado, sua mãe Fafá, que arriscou a vida para salvá-lo, do outro, sua mãe Lea, que também tentava salvá-lo.

Barroso levantou-se meio tonto e foi caminhando para Lea, mas, antes, virou-se para trás e olhou carinhosamente para Fafá que, num esforço de amor, devolveu um olhar cheinho de ternura e compreensão.

Lea e Barroso conseguiram escapar.

Quando ganharam distância dos aventureiros, Lea lhe explicou o que tinha acontecido:

— "Meu filho, quando sentimos sua falta, eu e Fafá saímos a procurá-lo. Depois de caminharmos muito, avistamos você, já encurralado. Quando eu quis correr para alcançá-lo, Fafá me disse: — Amiga Lea, amo Barroso como meu filhote, deixe que eu me arrisque. E você fica para cuidar dele ainda por algum tempo. Nesse instante, ela apressou o passo e jogou-se na sua frente, tornando-se o alvo daquele disparo".

Barroso, que ouvia tudo de cabeça baixa, compreendeu que Fafá, mesmo não sendo sua mãe "verdadeira", demonstrou amor materno.

Depois daquele dia, a bicharada notou que Barroso estava mudando.

Aprendia sobre amizade e respeito, por ele mesmo e pelos outros, ajudava todo mundo e só fazia aos outros o que queria que fizessem com ele. Também mudou seus hábitos. Agora comia menos e nunca se afastava além dos limites da Floresta Encantada. Também era comum ver Barroso orientando a bicharadinha mais nova. Era um elefante feliz e agradecido ao Amigo da Natureza, Jesus.

Passaram-se alguns anos e Barroso tornou-se um jovem elefante.

Sentia-se cada dia mais amado por Lea, mas nunca se esquecera de Fafá, sua outra mãe. Sempre pedia a Jesus por Fafá, onde quer que ela estivesse.

Até que um dia, quando a bicharada estava reunida para a festa da primavera, tiveram uma grande surpresa.

Viram chegando um caminhão pelo descampado da Floresta. Rapidamente, todos procuraram proteção por entre o matagal. Notaram que o caminhão estava cheio de animais e, para estranheza de todos, o motorista começou a libertar cada um deles.

Barroso observava curioso, quando viu uma elefanta grande sair do caminhão. Naquela horinha, Barroso reconheceu o balanço da tromba e o jeitão de andar — era Fafá, sua outra mãe!

Barroso saiu bramindo por trás da mata, correndo ao encontro de Fafá:

— Mamãe, você voltou! Você sobreviveu!

— Sim, Barroso, eu estou de volta — respondeu Fafá já dando carinho de tromba ao seu filhote.

Barroso era só alegria e, mesmo daquele tamanhão, quase deu uma cambalhota igualzinha a do macaco Gugu.

A bicharada logo combinou de aumentar a festança para comemorar a volta de Fafá.

Dividiram as tarefas e, antes do entardecer, começou a algazarra justamente com a dança do elefantinho.

— Dança do elefantinho? — perguntou, toda curiosa, a rata Aninha.

Dona Dalva aproveitou e deu uma lição.

— Vamos lá, *rataiada*, todos de pé, juntos na dança do elefantinho... Corpinho solto, joelhos levemente dobrados, braços totalmente caídos e ombros bem relaxados. Girem o corpo de um lado para o outro, com os quadris também balançando. Lembrem-se de que os olhos comandam o movimento. Vamos parando devagarzinho, diminuindo o ritmo e descansando. Agora, é só ficar sentindo essa sensação gostosa de relaxamento.

— É... Parece que os elefantes têm muito que ensinar! — falou Guga.

— Não só os elefantes, Guga, a Natureza toda dá exemplo! — lembrou Dona Dalva.

Depois da dança do elefantinho, que virou "dancinha dos ratinhos", sentaram-se bem tranquilos ao redor de Dona Dalva para escutar o restante da história.

Dona Dalva contou que, em meio à animação da bicharada, Fafá pediu para falar. Queria contar a história daqueles anos longe dali.

— Meus amigos, agradeço a todos pela festança. Sei que estão curiosos para saber como vivi todos esses anos e, principalmente por que voltei. Depois daquele disparo de tranquilizante, adormeci, e quando acordei, já estava longe da floresta. Fui vendida para um pequeno circo de uma grande cidade. O dono do circo era um homem bom e atencioso para com os animais e logo me tornei artista de circo. Aprendi rápido tudo o que tinha que fazer no picadeiro. Em pouco tempo, o circo tornou-se conhecido e eu me tornei a atração principal. Mas sentia muita saudade daqui, especialmente do meu pequeno filhote do coração. Passava o tempo e eu não perdia a esperança de voltar, parecia até que alguém me enviava uma força a cada dia.

Nesse momento, Barroso baixou a cabeça, emocionado com a declaração de amor de sua outra mãe.

Fafá continuou com sua história de vida.

— Os anos passaram e o circo ficou famoso. Mas o dono do circo foi envelhecendo e já não conseguia apresentar os espetáculos. E, então, como forma de gratidão pela riqueza que tinha conquistado com o sucesso do circo, resolveu devolver todos os animais que conseguissem se readaptar na floresta.

Nessa hora, Barroso, muito emocionado, percebeu que tinha que parar de chorar. A sua choradeira fazia um laguinho que dava até para afogar uma família de ratinhos. Aquele choro feliz fazia seu coração palpitar como se estivessem soltando fogos dentro dele.

Dona Dalva olhou para toda a *rataiadinha*, que fungava emocionada com aquela história de amor de barriga e de coração e perguntou:

— Vocês já sentiram isso?

— Eu já senti, sim, pois parecia até que meu coração ia explodir de alegria no dia em que nasceu minha irmãzinha — respondeu Aninha.

Dona Dalva, então, finalizou aquela história, dizendo:

No outro dia, o Sol despertou mais cedo. Parecia que estava adivinhando que toda a bicharada ia sair das suas tocas e ninhos para admirarem uma cena que há muito não se via: Barroso caminhando pelo descampado entre suas duas mães, Lea e Fafá!